DEUX MOTS

A L'OCCASION D'UNE CALOMNIE

RÉPANDUE

PAR LE PROFESSEUR

GEOFFROY-SAINT-HILAIRE,

CHEVALIER DE LA LÉGION-D'HONNEUR, MEMBRE DE L'ACADÉMIE DES SCIENCES DE L'INSTITUT, ETC., ETC.

> Si certains hommes ne vont pas dans le bien jusqu'où ils pourraient aller, c'est par le vice de leur première instruction.
>
> LA BRUYÈRE.

N° 1.

Se distribue Gratis,

CHEZ

EBAUSSEAUX, LIBRAIRE, QUAI MALAQUAIS, N. 15;
MEILHAC, LIBRAIRE, CLOITRE SAINT-BENOIT, N. 10;
AU PALAIS DE L'INSTITUT ET AU JARDIN DES PLANTES.

---

14 NOVEMBRE 1831.

IMPRIMERIE DE A. BARBIER,
Rue des Marais-Saint Germain, N. 17.

DEUX MOTS

A L'OCCASION D'UNE CALOMNIE

RÉPANDUE

PAR LE PROFESSEUR

GEOFFROY-SAINT-HILAIRE.

.... Dorante, à ce que je présume,
Est dévot par calcul, et menteur par coutume.

CORNEILLE.

Depuis 1823, le professeur ÉTIENNE GEOFFROY-SAINT-HILAIRE, auteur très-connu du *Système des monstruosités*, s'en va sourdement disant à qui veut l'entendre que ARSENNE THIÉBAUT DE BERNEAUD, fondateur et secrétaire perpétuel de la Société Linnéenne de Paris, *abusant de sa confiance, pendant qu'il était vice-président de la même Société, lui a fait signer une lettre de change, qu'il a été obligé de payer.* Puis, satisfait d'avoir ainsi répandu son fiel sur un citoyen paisible, victime de son zèle pour les sciences, tantôt il court au pied des autels, humble et dévot, se pavaner dans les stalles de l'église Saint-Médard de Paris, comme marguillier; ou bien, comme ancien abbé, les yeux fixés sur les voûtes humides du temple, chercher de nouveaux argumens pour son *Traité de l'immortalité de l'âme.* Tantôt, attaché, comme menin, aux pas de la girafe, il va lui servir d'interprète dans les visites qu'elle fait à ceux que l'on appelle vulgairement les grands de ce monde (1); ou bien, il explique aux curieux chacun des os de la baleine dite des Pays-Bas, exposée sur une place publique par KEPELS, qu'on a, pour cela, décoré de la Légion-d'Honneur (2).

Qui croirait cependant que les assertions de l'académicien GEOFFROY-SAINT-HILAIRE sont mensongères et calomnieuses, et que dans le même temps qu'il les colporte, il écrit à celui qu'il travaille à déshonorer qu'il lui est *vivement attaché par les sentimens d'une respectueuse considération et ceux d'une juste gratitude* (3)?

Tant que ces propos furent couverts du manteau de l'obscurité, tant qu'ils furent tenus au sein d'une coterie, entre des individus plus ou moins amis du scandale, plus ou moins habitués à médire, on a dû les mépriser : ils pouvaient être rapportés à celui que l'on victimait grossis et dénaturés. D'ailleurs, il répugnait à THIÉBAUT DE BERNEAUD de croire un père de famille, un membre de l'Institut de France, un professeur, capable de descendre à de semblables bassesses. Une circonstance favorable devait, si la chose était réellement, naître plus tard, et ouvrir à l'innocent opprimé les moyens de faire entendre sa voix et de confondre enfin l'imposteur et ses vils acolytes.

Cette circonstance, en effet, s'est offerte d'elle-même, après huit années de patience d'une part, de jactance et de mensonges de l'autre. Un mot imprudemment

(1) *Moniteur* du 21 juillet 1827, page 1058.

(2) Journaux de Paris des 23, 27 et 28 mai 1829.

(3) Lettre du 21 avril 1823.

jeté, assure-t-on, dans le comité secret de l'Académie des sciences de l'Institut, le lundi 19 septembre 1831, a déchiré le voile et mis les deux partis en présence. Disons comment la chose a été amenée.

La mort de VICTOR YVART laissait une place vacante dans la section d'agriculture; THIÉBAUT DE BERNEAUD qui, depuis sa plus tendre enfance, et après avoir payé de son sang la dette que tout jeune citoyen doit à la patrie, s'est livré aux pratiques du premier des arts; qui a publié sur cette branche importante de la prospérité d'un état plusieurs ouvrages, dont quelques-uns ont eu l'honneur d'être traduits en allemand, en anglais, en italien, crut pouvoir s'inscrire au nombre des aspirans. En conséquence, le 14 août 1831, il fit parvenir à l'Académie une note détaillée de ses titres. Cette note fut renvoyée à la commission chargée de rendre compte du mérite de chacun des candidats. Quand cette commission fit, le 19 septembre suivant, son rapport, soit oubli, soit chose convenue, elle ne parla point de THIÉBAUT DE BERNEAUD. Un membre en fit la remarque, et en demanda les motifs; le rapporteur répondit par un mot dédaigneux, et, comme pour le corroborer, un autre membre, organe de la plus insigne calomnie, ajouta : *Il y a des raisons morales qui doivent l'éloigner, il a abusé de la confiance de l'un de nous, la seule fois qu'il occupa le fauteuil à la Société Linnéenne, en lui faisant souscrire une lettre de change, qu'il a été obligé de payer.*

THIÉBAUT DE BERNEAUD, prévenu le jour même et le lendemain de cette accusation grave, après avoir mis sous les yeux de ceux qui l'instruisaient les preuves matérielles de l'imposture la plus infâme, de la calomnie la plus révoltante, fit, d'une part, imprimer la note remise manuscrite à l'Académie des sciences (4), et de l'autre il l'adressa à chacun de ses membres avec la lettre suivante :

Paris, le 24 septembre 1831.

« Monsieur, j'ai l'honneur de vous adresser la note que j'ai cru devoir présenter le 14 août dernier à l'Académie, en la priant de m'inscrire au nombre des candidats qui postulent la faveur de siéger dans son sein.

» Mon nom et mes travaux ne sont point étrangers à cette illustre Compagnie. Des rapports extrêmement flatteurs m'ont obtenu, dès 1814, mes entrées aux séances particulières, alors qu'il fallait une délibération spéciale et une carte nominative pour y être admis.

» Je dois me taire sur mes travaux, c'est à vous, Monsieur, à les juger ; mais j'ai besoin d'éclairer votre religion sur une calomnie jetée, en citant mon nom, dans le sein même de l'Académie lundi 19 de ce mois. On a parlé de faits relatifs à la Société Linnéenne, et l'on m'a trop légèrement attribué une action outrageante à mes principes et à l'austérité de ma conduite publique et privée. Blessé dans mon honneur, il m'importe de vous dire la vérité.

(4) Cette note sert de réponse aux expressions inconvenantes du rapporteur. Elle contient le détail des ouvrages d'agriculture et de botanique appliquée publiés et préparés par Thiébaut de Berneaud, un mot sur un voyage scientifique qu'il a entrepris à ses frais, pendant dix ans, sous les auspices du gouvernement et de l'Institut, ainsi que l'indication des différents rapports faits sur ses travaux à l'Académie des Sciences, à celle des Inscriptions et à celle des Beaux-Arts, etc., etc. Cette note a huit pages d'impression in-4.

» On m'accuse d'avoir enlevé, par abus de confiance, la signature de M. Geoffroy-Saint-Hilaire, alors occupant le fauteuil (ce qu'il a fait six fois durant les quatre mois de sa vice-présidence), et de lui avoir fait souscrire une *lettre de change de deux mille francs* au profit d'un fournisseur de la Société. Je réponds par deux lettres de ce savant professeur qu'il savait très-bien qu'il s'agissait, non pas d'une lettre de change, mais d'un simple *Mémoire de fournitures de papier pour valoir d'un arrêté de compte* (lettre du 29 janvier 1823), déjà revêtu de la signature du trésorier et de la mienne comme secrétaire perpétuel. « Rouage secondaire, dès qu'il ne s'agissait pour moi que de » suppléer éventuellement M. le président, je n'ai point » discuté la *pièce comptable*. J'ai aperçu *la signature* » *de notre secrétaire*, et de confiance j'ai apposé au- » dessous d'elle ma propre signature, pensant bien *ré-* » *gulariser une pièce des comptes de notre trésorier.* » (Lettre de M. Geoffroy du 14 février 1823.)

» Cette pièce n'était, en effet, qu'une pure reconnaissance de fournitures faites et attestées par le trésorier, que le bureau régularisait suivant l'usage, ainsi que le prouve le rapport écrit tout de la main de M. Huzard fils, et fait le 20 février 1823, en son nom et en celui de MM. Leman et Cambessèdes, qui l'ont également signé, comme membres de la commission des finances.

» On a dit que la prétendue lettre de change avait été soldée par M. Geoffroy. Comme la première, cette assertion est fausse. Les comptes de recette du trésorier prouvent qu'il a donné, le 11 mars 1823, pour sa cotte part, *dix francs* seulement, ainsi que la Société l'avait demandée à chacun de ses membres, ensuite du rapport de ladite commission des finances. M. Geoffroy a de plus donné *quatorze francs cinquante centimes* pour prix d'un second exemplaire du volume des Actes, qui était alors publié.

» Au surplus, d'autres lettres de M. Geoffroy, relatives à ce fait, qui lui était personnel, comme à tous les autres membres, m'abritent de toute imputation mensongère, et prouvent que plus tard il s'est encore bénévolement, mais sans bourse délier, *imposé le devoir de continuer à faire partie de la Société, pour rester passible des mesures onéreuses que les circonstances prescrivaient d'imposer à ses membres* (lettre du 21 avril 1823).

» La conduite que j'ai toujours tenue comme homme, comme fondateur et secrétaire perpétuel de la Société Linnéenne, est à l'abri de tout reproche. Je ne redoute aucune sorte d'enquêtes; je les provoque au contraire, je demande qu'on les fasse avec la plus grande rigueur, et même sous les plus fâcheuses préventions. Si j'ai gardé jusqu'ici le silence sur les événemens de la Société Linnéenne, c'est pour ne point entretenir de moi le public, c'est pour ne point humilier des amours-propres qui s'oublient, pour ne point rappeler des faits que l'on dénature avec plaisir; mais si l'on m'y force, je publierai l'histoire de la Société, et je l'accompagnerai de documens authentiques, irrécusables et foudroyans pour ceux qui m'accusent. Chaque individu y rendra compte lui-même de la part qu'il y a prise (5).

(5) On y verra, d'après les comptes imprimés et manuscrits des trésoriers, d'après les divers procès-verbaux des séances, surtout celui du 6 mars 1828, comment et par qui Thiébaut de Berneaud a été dépouillé d'une somme de plus de

» Ce peu de mots que je me permets, Monsieur, dans la vue de vous prémunir contre le mensonge, vous fera sans doute naître le desir de connaître les faits en détail ; ayez la bonté de me le dire, je suis tout prêt à mettre sous vos yeux les pièces originales qui justifient ma probité et mon désintéressement.

» Vous m'approuverez, Monsieur, de ne point vous aller solliciter en ma faveur. Je regarde cet usage comme indigne d'un loyal candidat, et comme une injure à l'équité des membres de l'Académie. Ce ne sont point les visites ni les importunités qui donnent des droits à vos suffrages, ce sont les titres que l'on vous présente. Je vous soumets les miens, je souhaite qu'ils soient de nature à fixer votre attention et à me mériter votre estime.

» Agréez, je vous prie, Monsieur, mes respectueux hommages, etc. »

L'une et l'autre de ces deux pièces furent portées à domicile, et le 25 septembre matin tous les membres titulaires, ainsi que les Académiciens libres, les avaient dans les mains.

Le lundi 26, jour de la séance hebdomadaire de l'Académie des sciences, THIÉBAUT DE BERNEAUD écrivit au président la lettre suivante :

Paris, le 26 septembre 1831.

« Monsieur le président, calomnié devant le pre-

dix-huit mille francs qu'il avait généreusement avancée pour frais de bureau, impressions, gravures, encouragemens accordés par la Société, etc.; plus, une somme de *trois mille quatre cents francs* qui lui est due en particulier par des membres, et pour le remboursement de laquelle il n'a pas encore reçu seulement vingt-cinq centimes. (*Note ajoutée.*)

mier corps savant de l'Europe, j'ai dû fournir à chacun de ses membres, en particulier, des titres qui repoussent, qui détruisent une imputation outrageante; c'est ce qui a donné lieu à la circulaire dont j'ai l'honneur de vous remettre ci-joint copie.

» Cette première obligation remplie, il me reste un devoir non moins grave à remplir, c'est de demander qu'une réparation éclatante me soit faite dans le sein même de l'Académie.

» Tant qu'il ne s'est agi que de commérages, que l'on me rapportait, sans aucun doute, dénaturés et même exagérés, j'ai dû garder le silence et mépriser des propos inconsidérés, dits dans l'ombre; mais, aujourd'hui, la position est changée : on me déshonore auprès des hommes que je vénère le plus, on me déshonore aux yeux des sommités des sciences qui font mes délices et ma consolation, il y aurait lâcheté à me taire.

» J'ai dit la vérité à chacun de MM. les Académiciens. Maintenant c'est à eux, assemblés en famille, à me faire avoir la satisfaction que l'on m'a mis dans le cas d'exiger. L'Académie ne doit point permettre qu'un ou deux de ses membres outragent, dans son sein, à l'honneur d'un citoyen paisible; qu'on vienne, par des insinuations odieuses, enlever la portion la plus sacrée de la vie d'un homme de bien; elle reconnaîtra donc la nécessité, je dis plus, l'obligation de remplir vis-à-vis de moi et de celui ou ceux qui m'accusent le rôle important de juges.

» Le scandale causé peut et doit demeurer enseveli dans le sanctuaire de l'Académie, mais il faut l'effacer par une réparation non équivoque. C'est à l'Académie à l'ordonner, c'est une justice que je lui demande, c'est la justice que j'attends de son impartialité. Je suis prêt, non-seulement à lui exhiber les originaux des lettres, comptes et rapports cités dans ma circulaire, mais encore à lui fournir, à l'instant même, tous les autres documens qu'elle croira devoir exiger de moi pour éclairer sa religion.

» Je vous supplie, Monsieur le président, de m'accuser réception de cette lettre, et de m'instruire de la décision que l'Académie aura prise sur la demande formelle qu'elle contient.

» J'ai l'honneur, etc. »

Cette lettre, quoique confidentielle, comme elle le prouve elle-même, fut lue, sans intention, en séance publique par M. Arago, l'un des secrétaires perpétuels. L'Académie, après un moment d'hésitation, passa outre, et le procès-verbal du jour ne fit mention de cette démarche pressante qu'en termes vagues. Thiébaut de Berneaud ne pouvait ni ne devait rester long-temps dans une pareille incertitude : l'honneur l'obligeait à demander, à obtenir une satisfaction prompte, convenable. Il adressa donc une nouvelle lettre au président le lundi suivant. La voici :

Paris, le 3 octobre 1831.

« Monsieur le président, la lettre que j'ai eu l'honneur d'adresser à l'Académie le 26 septembre est demeurée sans réponse, quoiqu'elle fût de nature à devoir m'en mériter une. La mention qui en est faite au procès-verbal de ce jour, loin d'effacer le tort que l'on a eu de me calomnier dans le comité général du 19 du même mois, laisse ma juste réclamation dans un vague contre lequel il est de mon intérêt de m'élever. J'ai demandé une réparation non équivoque de la part de celui qui a osé porter atteinte à mon honneur, j'ai le droit de l'obtenir : le silence de l'Académie serait une injure qui n'est point dans son caractère ni dans ses habitudes. Je vous supplie donc, Monsieur le président, de convoquer un comité secret, afin que la calomnie, qui a trouvé de l'écho dans le sein du premier corps savant de l'Europe, soit confondue par elle-même en présence de MM. les Académiciens. C'est comme homme, c'est comme père, c'est comme citoyen que je vous prie d'appeler l'Académie à cet acte de justice qu'elle ne peut me refuser. Les faits exposés dans ma circulaire du 24 septembre sont appuyés des lettres de celui qui, depuis sept années, me calomnie sourdement. Je demande à les mettre sous les yeux de l'Académie, à lui prouver que ma vie entière est à l'abri de tout soupçon, et que je suis en mesure de détruire le mensonge, qui s'acharne après moi, par des pièces écrites par ceux-là même qui me persécutent. Plusieurs auront plus qu'à rougir lorsque je rendrai publiques ces pièces nombreuses et incontestables. Je ne le ferai cependant que dans le cas où l'on ne me rendrait pas la justice éclatante que je réclame : le scandale sera terrible, on l'aura voulu.

» J'ai l'honneur, etc. »

Lue à la séance dudit jour 3 octobre, cette lettre décida enfin l'Académie à se réunir en comité secret, et la lettre suivante fut écrite à Thiébaut de Berneaud :

Paris, le 10 octobre 1831.

« Monsieur, l'Académie, à laquelle il a été fait lecture de votre réclamation au sujet de paroles qui auraient été prononcées à votre préjudice dans un de ses comités secrets, a arrêté qu'il vous serait répondu qu'elle n'a rien entendu de contraire à votre honneur, et qu'aucune inculpation dont vous puissiez vous plaindre n'a eu lieu dans son sein.

» C'est avec plaisir et empressement que je m'acquitte de cette commission de l'Académie, et je vous prie d'agréer, Monsieur, l'assurance de ma considération distinguée.

» Le secrétaire perpétuel de l'Académie,

» *Signé* baron G. Cuvier. »

Maintenant, résumons ce que nous venons de lire, et faisons-en ressortir tout ce que la calomnie répandue par le professeur Geoffroy-Saint-Hilaire a d'odieux, de perfide et de vil.

Il est dû à un papetier, pour fourniture faite à la Société Linnéenne, une somme de environ deux mille francs. Sa créance est reconnue légitime; son compte est arrêté par le trésorier de la Société, puis légalisé, pour valoir titre, par le vice-président, occupant le fauteuil, et par le secrétaire perpétuel. Rien de plus simple que cela, c'est la marche ordinaire des choses, c'est ce que l'on fait dans toutes les sociétés savantes ou autres.

Le lendemain de la signature, le créancier se présente chez le vice-président de la Société à laquelle il a fourni, désirant s'entendre avec lui pour assurer, par des à-comptes régulièrement versés, le paiement de ce qui lui est dû. Le vice-président signataire l'accueille d'une manière si peu convenable, qu'il est forcé, dans son intérêt, de l'appeler en réparation devant l'autorité légale, et de poursuivre avec rigueur celui qu'il accuse, pour tous, de mauvaise foi.

Le secrétaire perpétuel s'étant interposé dans cette affaire, et la Société, sur le rapport de sa commission des finances, ayant pris les mesures nécessaires, il n'y eut point de suites fâcheuses : la dette fut remplie par un léger sacrifice de la part de chacun de ses membres (6) : on n'aurait pas eu besoin de le demander, ce sacrifice, si tous avaient apporté le même empressement à remplir leurs obligations, qu'ils en montrèrent en sollicitant, en obtenant le diplôme.

L'insultant accommode dès-lors un système pour couvrir sa faute et appeler sur lui l'intérêt. Aux yeux des uns, il se montre *victime de la mauvaise humeur d'un créancier qui n'est point le sien propre*, et comme le *plastron d'un procès à soutenir* (7); aux yeux des autres, plus habitués à vivre de médisances, il accumule mensonges sur mensonges, calomnies de toutes les sortes, tandis que sa conscience, toujours plus forte que l'imposteur le plus hardi, lui arrache une foule de lettres qui prouvent sa turpitude. Cependant, fidèle au système qu'il s'est créé, il jette tout l'odieux de sa

(6) Nous lisons dans un rapport fait par la commission des finances, en date du 28 août 1823, rapport qui a été imprimé dans le temps, que, pendant que les membres de la Société donnaient volontairement dix francs chacun, Thiébaud de Berneaud versait cent francs à la caisse, ce qu'il a fait encore à diverses autres reprises, comme on l'apprendra plus tard.

(7) Ces expressions sont écrites dans une lettre de l'académicien Geoffroy-Saint-Hilaire.

conduite inextricable sur Thiébaut de Berneaud, qu'il sait bien être honnête homme, avec lequel il n'a jamais eu le plus léger différent en matière de science ou autre, mais que son manque d'ambition, que ses habitudes studieuses, que son goût pour la retraite, pour les sciences utiles, tiennent ignoré dans le sein de sa famille, où il vit heureux et indépendant. Le professeur Geoffroy-Saint-Hilaire profite donc de sa position comme membre de l'Académie des sciences de l'Institut, comme professeur au Muséum d'histoire naturelle, à la faculté des Sciences, etc. pour calomnier Thiébaut de Berneaud, pour déverser sur lui le poison, pour l'accabler dans l'ombre des propos les plus outrageans, pour donner à ses actions tout l'odieux de sa propre conduite; et pour rendre ses infâmes discours plus pénétrans au cœur de ceux qui l'écoutent, il se montre fouillant dans son escarcelle, en tirant *deux mille francs*, à l'effet de payer, dit-il, une *lettre-de-change* qu'on lui avait fait souscrire la seule fois qu'il a éventuellement remplacé le président de la Société Linnéenne.

Toutes ces assertions sont fausses; l'académicien Geoffroy-Saint-Hilaire n'a point signé de lettre-de-change; il a monté plus d'une fois au fauteuil linnéen, il n'a point payé les deux mille francs qu'il annonce, et, les vices, qu'il prête bénévolement à celui qu'il a choisi pour son holocauste, sont sa propriété, sont le type de son existence publique et privée.

En effet, le premier mensonge résulte de ses propres lettres des 29 janvier, 10 et 14 février, 21 avril et 17 juin 1823, ainsi que du rapport de la commission des finances, en date du 20 février de la même année, dont les originaux seront représentés à qui les demandera.

Le second mensonge se prouve par le registre des séances de la Société Linnéenne, où sa signature, apposée, après lecture faite hautement, au bas de chacun des procès-verbaux, prouve qu'il a présidé six fois sur huit que dura sa vice-présidence.

Le troisième mensonge est démontré, 1° par l'impossibilité où il a toujours été d'exhiber le titre acquitté, comme il devrait l'avoir, si cette prétendue lettre-de-change n'existait pas dans sa malheureuse tête seulement ; 2° par le rapport cité de la commission des finances ; 3° et par le compte rendu du trésorier, en date du 21 août 1823, portant qu'il a payé, pour sa cotte-part, dix francs seulement, le 11 mars précédent.

Enfin, la calomnie ressort tout entière de la lettre même de l'Académie des sciences. Quand on lit attentivement cette lettre, on ne peut pas se dissimuler que les propos inculpés ont été tenus, et qu'ils ont trouvé de l'écho dans le sein même de l'Institut. En effet, n'est-il pas singulier de voir ce corps savant, où tout devrait être vrai, juste, noble et grand, *arrêter qu'il sera répondu qu'il n'a rien entendu ?* De ce qu'on décide qu'il sera répondu telle chose, n'est-ce point dire qu'on ne veut pas avouer publiquement l'avoir entendue ? n'est-ce point faire voir que l'on ne veut pas accuser un académicien, que l'on ne veut pas convenir qu'un membre de l'Institut, aussi-bien que certain prêtre, est capable d'imposture, est habitué à mentir ? Si l'on eût adopté la voie de la franchise, ainsi que l'on devait s'y attendre, on aurait déclaré :

« Il n'a rien été dit contre votre honneur, et comme » l'Académie n'est point dans l'usage de permettre à » aucun de ses membres d'apporter en son sein les » passions de la vie privée, si quelqu'un se fût per- » mis des personnalités, l'Académie tout entière lui eût » imposé silence. » On a agi différemment, et en arrêtant de dire que l'on n'a rien entendu, on a voulu éviter des explications nécessaires, on a repoussé la justification que la justice et la raison réclamaient à haute voix.

C'est ainsi qu'en ce jour on respecte l'honneur !

Vous demanderez peut-être, Lecteur, comment il est possible qu'un homme, décoré du ruban de la Légion-d'Honneur, prenne ainsi plaisir à mentir, à calomnier? Nous répondrons qu'on a tant abusé de ce signe, qu'on l'a jeté, sans examen, par masses, sans s'informer si celui qui allait le ramasser était digne de le porter. En voyant, en effet, comme on l'a constamment prodigué, l'on dirait que le pouvoir, toujours prêt à avilir les plus saintes institutions, s'est servi de cette décoration pour attacher seulement des esclaves à son char, et pour humilier les braves, en faveur de qui elle fut créée, qui l'ont achetée sur le champ de bataille au prix de leur sang, au prix du plus noble dévoûment à la patrie.

Vous demanderez peut-être encore comment il est possible qu'un homme appelé, comme professeur, comme membre de la première Académie de l'Europe savante, à répandre les lumières de l'instruction dans les êtes neuves qui les recherchent, contracte ainsi l'habitude de mentir et de calomnier? Votre étonnement cessera si vous réfléchissez au système funeste introduit par NAPOPÉON BONAPARTE, alors qu'il assassina la liberté, pour se créer un trône, pour se façonner une cour. Il a demandé une vile complaisance, et il l'a obtenue; il a sollicité toutes les ambitions, il a mis en jeu tous les ressorts de la corruption, il avilit les organes de la loi et ceux de la science, il les a tous habitués à la dissimulation, au mensonge, à la cupidité; il a multiplié le nombre, déjà si grand, des serviles, et ouvert ainsi une large voie aux passions les plus honteuses; il a voulu tout démoraliser pour régner : il n'a que trop bien réussi. Son système a dû soulever, et a en effet soulevé de la fange un monde d'intrigans, d'imposteurs, qui, depuis longues années, déchirent à belles dents l'honnête homme, afin d'arriver aux places, de les accumuler sur leurs têtes, de multiplier les abus, et d'exploiter pour eux seuls la mine des deniers publics.

Ne demandez pas comment il se fait qu'un père de famille, qu'un homme qui se dit religieux, qu'un homme qui use de ses lèvres la patène et de ses genoux le pavé des églises, aime à mentir, se plaise à calomnier sans cesse : ne savez-vous pas que les dévots n'ont point d'entrailles, que l'ambitieux n'a qu'un but, celui d'arriver, n'importe comment, et que l'imposteur se glisse partout, prend tous les masques, caresse tous les préjugés pour mieux tromper? « Nul de leurs plus familiers amis, n'est épargné, comme le dit THÉOPHRASTE; les morts même dans le tombeau ne trouvent pas un asile contre leur perfidie. »

Mais, vous direz sans doute que l'honnête homme est fort à plaindre, que les temps actuels sont bien affreux pour qui vit soumis aux lois de la justice, de la vérité, de la délicatesse. Nous le savons, répondrons-nous, et c'est dans la vue de démasquer à vos yeux le vice honoré, que nous vous remettons ces feuilles; c'est pour vous montrer les embûches que les intrigans, les serviles de toutes les classes, dressent hautement et dans le silence sur les pas du vrai patriote, de l'homme de bien. Méditez les faits que nous venons de vous exposer, apprenez à ne pas croire légèrement aux impostures, aux insinuations des méchans, et songez qu'en refusant votre appui à celui qu'ils persécutent, vous vous préparez de gaîté de cœur à devenir tôt ou tard leur victime.

Le jour fatal est proche et vient comme un voleur.

(BOILEAU.)

www.ingramcontent.com/pod-product-compliance
Lightning Source LLC
LaVergne TN
LVHW021530140926
848035LV00047B/1287
9782019652845